CATALOGUE
D'OBJETS D'ART

ET

DE CURIOSITÉ

MEUBLES DE DIVERSES ÉPOQUES, PENDULES, CANDÉLABRES, BRONZES, FEUX, GLACES, PORCELAINES DE LA CHINE, DU JAPON, DE SÈVRES ET DE SAXE, FAIENCES, VERRERIES DE BOHÈME, QUELQUES TABLEAUX ET GRAVURES ET OBJETS DIVERS;

DONT LA VENTE AUX ENCHÈRES PUBLIQUES AURA LIEU

HOTEL DES VENTES
Rue Drouot, nº 5
SALLE Nº 2

Le Jeudi 16 Mai 1867
A DEUX HEURES

Par le ministère de Mᵉ **CHARLES PILLET**, Commissaire-Priseur,
rue de Choiseul, 11,
Assisté de M. **FEBVRE**, Expert, rue Laffitte, 12,
Chez lesquels se distribue le présent Catalogue.

EXPOSITION PUBLIQUE
Le Mercredi 15 Mai 1867, de une heure à cinq heures.

PARIS — 1867

EXEMPLAIRE DE H STETTINER

CATALOGUE

D'OBJETS D'ART

ET

DE CURIOSITÉ

MEUBLES DE DIVERSES ÉPOQUES, PENDULES, CANDÉLABRES, BRONZES, FEUX, GLACES, PORCELAINES DE LA CHINE, DU JAPON, DE SÈVRES ET DE SAXE, FAIENCES, VERRERIES DE BOHÈME, QUELQUES TABLEAUX ET GRAVURES ET OBJETS DIVERS;

DONT LA VENTE AUX ENCHÈRES PUBLIQUES AURA LIEU

HOTEL DES VENTES

Rue Drouot, n° 5

SALLE N° 2

Le Jeudi 16 Mai 1867

A DEUX HEURES

Par le ministère de Me **CHARLES PILLET**, Commissaire-Priseur, rue de Choiseul, 11,

Assisté de M. **FEBVRE,** Expert, rue Laffitte, 12,

Chez lesquels se distribue le présent Catalogue.

EXPOSITION PUBLIQUE

Le Mercredi 15 Mai 1867, de une heure à cinq heures

PARIS — 1867

CONDITIONS DE LA VENTE

Elle sera faite au comptant.

Les Acquéreurs paieront CINQ pour cent en sus du prix d'adjudication.

L'Exposition mettant les Acquéreurs à même de se rendre compte de l'état des Objets, il ne sera reçu aucune réclamation une fois l'adjudication prononcée.

DÉSIGNATION
DES OBJETS

Meubles et Bronzes.

1 — Meuble du xvie siècle en bois sculpté, orné de deux colonnes, de motifs et de mascarons.

2 — Meuble en bois sculpté du xvie siècle, orné de panneaux, de cariatides et de figures sculptées en ronde-bosse.

3 — Autre Meuble en bois sculpté, à deux corps. Travail du xvie siècle.

4 — Armoire à deux vantaux en bois de rose et amarante, ornée de filets incrustés.

5 — Commode de forme contournée, époque de Louis XVI, en bois de rose, ornée de marqueterie de bois; poignées en cuivre.

6 — Commode Louis XVI en bois de rose, ornée de filets; poignées en bronze.

7 — Petit Secrétaire Louis XVI en bois de rose, orné de frises et d'incrustations en bois de couleur.

8 — Petit Bureau à dos d'âne, style Louis XV, en bois de rose, avec fleurs incrustées et ornements de bronze.

9 — Deux Chaises Louis XV en bois doré, couvertes en damas.

10 — Commode Louis XV en bois de rose, belle garniture en cuivre doré.

11 — Quatre grands Fauteuils Louis XV, couverts en ancienne tapisserie : sujets de fleurs et d'animaux.

12 — Quatre autres plus petits, même genre que les précédents.

13 — Deux Fauteuils de l'époque Louis XIII, couverts en ancienne tapisserie du temps.

14 — Deux petites Tables en vernis Martin.

15 — Encoignure en vernis Martin ornée d'un sujet pastoral.

16 — Grande Table de forme contournée en marqueterie de cuivre sur écaille, genre Boule.

17 — Encoignure à deux vantaux, de forme cintrée, en bois de rose, à quadrilles marquetés; ornements en bronze doré.

18 — Quelques Meubles meublants modernes seront vendus sous ce numéro.

19 — Pendule de l'époque Louis XVI, de forme monumentale, en bronze et marbre blanc, ornée de bronzes et de pendentifs, de fleurs et de colonnes.

20 — Pendule en marqueterie de cuivre sur écaille, forme S, munie de son socle; les deux pièces avec ornements et figures en bronze doré.

21 — Grande Pendule en bronze et bronze doré, avec sujet : Femme et Enfants.

22 — Deux Candélabres style rocaille, en bronze doré.

23 — Deux Feux style rocaille, en bronze doré, avec lions en bronze doré.

24 — Deux Feux Louis XVI en bronze doré, ornés de vases et de rinceaux.

25 — Glace à biseaux, riche cadre en bois sculpté à jour, style rocaille.

26 — Deux Figurines en bronze : Femmes debout, imitation de l'antique.

26 bis — Deux Lutteurs, Bronze italien.

27 — Plusieurs Groupes en bronze représentant des Bacchantes et des figurines d'Enfants. Seront divisés.

Porcelaines de Chine, du Japon, du Sèvres et de Saxe.

28 — Deux grands Vases, fonds céladonés vert d'eau, avec ornements blancs en relief, anses à chimères.

29 — Un grand Vase de la Chine, fond jaune, avec fleurs et oiseaux émaillés en couleur.

30 — Grand Bol en porcelaine de la Chine, décor à mandarins.

31 — Deux Plats en porcelaine de la Chine, beau décor de fleurs.

32 — Huit assiettes en porcelaine de la Chine ; beau décor de fleurs.

33 — Quantité de Pièces en porcelaine de la Chine, Plats et autres Objets, seront vendues sous ce numéro.

34 — Grand et beau Plat en porcelaine du Japon ; à l'intérieur, vase contenant des fleurs ; riche décor.

35 — Autre Plat en porcelaine du Japon, orné de médaillons de fleurs.

36 — Sucrier en Japon, ancienne monture en argent.

37 — Deux Cornets en vieux Japon, monture en bronze doré.

38 — Vase en porcelaine du Japon, monté en candélabre à tiges de lys à six lumières, en bronze doré.

39 — Un Brûle-parfums en bronze doré rocaille, avec terrasse d'arbres, orné de plusieurs figures et de fleurs en porcelaine de Saxe.

40 — Divers Objets en porcelaine de Sèvres, Saxe et autres fabriques.

41 — Tasse et sa Soucoupe en porcelaine pâte tendre, décor fond bleu avec médaillon d'Amours.

Faïences.

42 — Cinquante Pièces environ : Assiettes et Plats en ancienne faïence des fabriques de Rouen et autres. .

Verrerie.

43 — Nombre de Pièces en verrerie de Bohême : Verres, Carafes et autres Objets.

Tableaux et Gravures.

BOSCH (VANDEN)

44 — Atelier d'un Sculpteur.

PAR LE MÊME

45 — Atelier d'un Peintre.

Gravures.

46 — Deux Gravures anglaises, à la manière noire : Sujets de Chasse.

Objets divers.

47 — Deux Émaux de Limoges : Sujets mythologiques.

48 — Miniatures et objets de montre. Seront vendus sous ce numéro.

49 — Divers Objets en filigrane d'argent.

50 — Un Lot d'anciennes Guipures.

51 — Une Tabatière en ivoire ornée d'un médaillon miniature : Personnage de l'époque du Régent.

52 — Autres Tabatières, Bijoux et miniatures.

53 — Mascaron en marbre sculpté : Figure d'ange ailé.

54 — Une Lanterne chinoise, monture en bois de fer sculpté; panneaux en verre peint avec figures.

55 — Deux fûts de colonnes en bois noir et doré, ornés de bandes et de canneaux.

56 — La Vénus accroupie. Réduction en marbre serpentin.

57 — La Vierge tenant l'Enfant Jésus. Groupe en marbre sculpté.

58 — Sous ce numéro, les Objets non catalogués.

Renou et Maulde, imprimeurs de la Compagnie des Commissaires-Priseurs, rue de Rivoli, 144.   3966